LES STATUTS

DES

MAITRES CUISINIERS

DE LA VILLE DE BAYEUX

1473-1731

PUBLIÉS PAR LE DOCTEUR LE PAULMIER

MEMBRE DE LA SOCIÉTÉ DES SCIENCES, ARTS ET BELLES-LETTRES

DE BAYEUX

BAYEUX

IMPRIMERIE S.-A. DUVANT

RUE DE LA MAITRISE, 17

1896

LES STATUTS

DES MAITRES CUISINIERS

DE LA VILLE DE BAYEUX

—

1473-1731

LES STATUTS

DES

MAITRES CUISINIERS

DE LA VILLE DE BAYEUX

——

1473-1731

——

PUBLIÉS PAR LE DOCTEUR LE PAULMIER

MEMBRE DE LA SOCIÉTÉ DES SCIENCES, ARTS ET BELLES-LETTRES

DE BAYEUX

BAYEUX

IMPRIMERIE S.-A. DUVANT

RUE DE LA MAITRISE, 17

—

1896

LES STATUTS

des maîtres Cuisiniers de la ville de Bayeux

1473-1731

ORDONNANCE

sur le fait du mestier de cuisinier de la ville et viconté de Bayeux

1611

Les corporations de métiers, devenues très nombreuses pendant le moyen-âge, avaient une organisation remarquable. Des règlements, rédigés par les membres de ces compagnies et approuvés par les représentants de l'autorité, leur assuraient, outre le monopole professionnel, une existence propre et une protection sérieuse. Ces avantages s'affermirent encore au XIIᵉ siècle, après que les associations civiles se furent doublées des Confréries, sociétés religieuses placées sous le patronage d'un saint particulier à chacune d'elles ; l'Eglise, jusque-là opposée aux corps de métiers, leur accorda dès lors son appui.

La vieille cité de Bayeux favorisa l'établissement des corporations : chaque métier eut la sienne. Les cuisiniers, entre autres, s'organisèrent en société ; mais, des abus se glissèrent à la longue dans l'exercice de la profession. Aussi, aux plaids tenus dans cette ville le 10 mars 1473 (n. st.), les maîtres de ce métier présentèrent des statuts qui furent approuvés par Jean Artur, sieur d'Ectot, lieutenant général du vicomte. Ils comprenaient seize articles réglant l'apprentissage, l'admission à la maîtrise, les devoirs à remplir, les interdictions à respecter, les fonctions des gardes jurés, les frais à payer pour la réception et pour le luminaire de la Chapelle, et les prohibitions enjointes aux métiers analogues.

Des additions y furent faites le 4 octobre 1604 et déposées le 24 décembre suivant.

Le 4 janvier 1611, les maîtres, désirant pouvoir consulter plus facilement ces statuts jusqu'alors consignés dans un ancien registre de la ville, en réclamèrent une copie. Le 23 juillet suivant, Charles Le Mercier, sieur de Saint-Germain, lieutenant ancien civil et criminel du bailli de Caen à Bayeux, ordonna que cette copie sur parchemin, tenant lieu de l'original, serait déposée au trésor de la confrérie dudit métier.

Une nouvelle rédaction de ces statuts fut approuvée le 28 février 1731 par Marc-Antoine d'Hermerel, lieutenant-général du bailli de Caen au siège royal de police de Bayeux. Confirmés par lettres patentes du Roi, datées du mois d'avril 1735, ils furent enregistrés le 20 juillet suivant au Parlement de Rouen.

Les articles, au nombre de seize, traitent des mêmes sujets que les précédents. Toutefois, ils s'occupent plus amplement de la confrérie, des messes, du luminaire, du pain bénit, des inhumations, des veuves, des maîtres, de l'élection des gardes jurés et de leurs visites ; ils interdisent à tous autres métiers d'empiéter sur les droits et prérogatives des cuisiniers.

Leur confrérie avait, de temps immémorial, son siège en la Chapelle des Saints-Innocents, à la Cathédrale. Elle rendait le pain bénit le 8 septembre, jour de la Nativité de la Sainte-Vierge, sa patronne. L'office pour le repos des âmes des maîtres défunts, était célébré le lendemain.

Suivant un usage répandu, la confrérie des cuisiniers fit don à la Cathédrale d'une verrière dont on voit les restes à la croisée qui éclaire la tribune des orgues. On y distingue encore un rôtisseur assis, tenant une broche garnie de volailles, et les vestiges de quelques scènes de la vie de la Vierge, telles que l'Annonciation et la Nativité de Jésus-Christ.

Dans la plupart des villes, chaque corps de métier était groupé dans un quartier spécial ; à Bayeux, les cuisiniers habitaient la rue qui porte encore leur nom.

Je n'ai pas rencontré les armoiries ni le sceau de la corporation ; ils figurent probablement au bas d'actes que l'on pourrait retrouver dans les archives municipales.

Le manuscrit d'où sont tirées les pièces qui suivent, paraît être la copie sur parchemin faite en 1473, á la demande des cuisiniers. Outre les doubles statuts, il renferme la liste des maîtres existant en 1613, continuée jusqu'en 1719, celle des maîtres qui ont fait le pain bénit de 1605 á 1672, et les noms de ceux qui ont payé les droits. On relève ainsi 113 noms de maîtres, parmi lesquels douze seulement ont été gardes jurés. Beaucoup des familles portant ces noms existent encore dans le pays.

Ces documents, intéressants pour l'histoire locale, viennent s'ajouter aux publications des *Statuts pour les maistres apotiquaires, droguistes et épiciers de la ville de Bayeux*, imprimés dans cette ville chez Gabriel Briard, en 1740, et de ceux des *Francs-bouchers*, donnés en 1823 par Frédéric Pluquet et, dans leur entier, en 1883, par M. Anquetil. L'impression des Statuts que l'on connaît encore, compléterait utilement ce point de l'histoire des institutions de la cité bayeusaine.

ORDONNANCE faicte et establie par le moien et ordonnance de justice par l'advis et délibération des advocats et procureur du Roy, gens nobles, bourgeois, manants et habitants de la ville et cité de Bayeux, et eu sur ce l'opinion des gens d'église dudict lieu sur le faict et estat de l'entremise et mestier de cuisinier pour et au bien de la chose publique, et afin de éviter aux grands inconvénients qui, à raison du faict et exercice dudict mestier, pourroyent advenir au corps humain de toute personne.

ET PREMIÈREMENT :

I. — Il est ordonné et enjoinct que nulle personne, de quelque estat, nation ou condition qu'il soit, ne soit si osé ne hardy de faire ou entreprendre faire estat ne exercice dudict mestier de cuisinier pour vendre, revendre ne achapter quelconques viandes, chair ny poisson, s'il n'est habile et suffisant pour exercer ledict mestier, et que tel soit rapporté par les ouvriers, maistres, gardes et jurés dudict mestier, et rapporté par authorité de justice.

II. — Item, et pour ce que plusieurs inconvénientz et abus se sont ensuivis et qui, pour le temps advenir, se pourroyent ensuivir à raison que aucuns se sont entremis dudict mestier de cuire viandes sures et mauvaises et non dignes d'estre appropriées à l'usage du corps humain, il est deffendu à toutes personnes, de quelque estat ou condition qu'ils soient, de cuire, ny mettre, ny mesmes exposer en vente ne achepter quelconque viande de chair ny poisson, si elle n'est suffisante et digne d'estre appropriée à l'usage du corps humain.

III.— Item, et pour ce que aulcuns poullailliers et autres d'autre estat que dudict mestier ont entrepris faire appareil et arroy de viandes comme de vollailles et autre gibbier par eschaudement d'eau ou autrement, il est deffendu à tous poullailliers ou autres personnes de quelque estat qu'ils soient, de n'entreprendre, mettre ny exposer en vente quelques vollailles, gibbier ou autre cuisine, qu'il n'ait esté ou soit habile et rapporté maistre par lesdicts gardes et jurez dudict mestier et autres maistres d'iceluy mestier à justice, suyvant et ainsy que dict est, sur peine et perdition et confiscation desdictes viandes avec l'amende au cas appartenant. Laquelle confiscation et moitié de l'amende sera applicable à ladicte confrarie, et l'autre moitié de ladite amende, au Roy.

IV. — Item, est ordonné que [nul] ne sera receu maistre dudit mestier s'il n'a appris par temps convenable, qui est deux ans, et qu'il n'ait paié la somme de cent sols tournois avecq une livre de cire, le tout applicable à ladite confrarie; mesmes aussy paira le disner ausdicts maistres apprès l'avoir veu travailler et faire le chef-d'œuvre qui luy sera baillé par lesdictz maistres et par iceux rapporté en justice. Et aussy paira iceluy estant rapporté aux maistresses dudict mestier, à chacune une choppine de vin et cinq sols pour leur disner.

V. — Item, que nul usant dudict mestier ne soit si ozé ny hardy de exposer en vente aucunes viandes, soit chair ou poisson, soit rostie ou bouillie qui soit réchauffée par quelque forme et manière que ce soit, sur peine de cent sols d'amende pour la première fois, et privation dudict mestier pour la seconde , à l'arbitration de justice.

VI. — Item, et pour ce que personnes, tant hommes que femmes, demeurantz en icelle ville et fausbourgs, se sont entremis par cy devant de cuire viandes légères et de petit prix, tant chair que poisson, et les ayant acheptés à bas et petit prix à secret, ou mettent à cuisine bestes de leur nourriture et acheptent poissons le jour précédent devant qu'ils les exposent en cuisine et en fassent appareil en la rivière d'Ore (1), ou ailleurs, il est deffendu que nul ne soit si hardy de faire appareil de poissons le jour ou jours précédents du jour qu'il les mettra en cuisine, s'il ne les met en sel bien suffisamment et honorablement, ne n'achepte aucunes chairs ou poissons, fors seulement és halles et marché du Roy, lesquelles ils ne pourront vendre qu'elles ne soient veues et visitées si elles sont suffisantes d'estre mises en cuisine.

VII. — Item, il est ordonné que tous maistres dudict mestier, leurs femmes, vallets et serviteurs, seront en estat honorable, et serviront de bon et honorable linge et vaisselle, chascun selon sa faculté et puissance, et pourront asseoir en leur maison.

VIII. — Item, que nul maistre usant dudict mestier ne soit si osé ny hardy de faire aucunes saulces ou brouets de potages ou aultrement, fors de bonnes eaues , vin , verjus et vinaigre et non d'autres choses, en y enjoignant bonnes e-piceries, chacun selon sa qualité et comme la chose le requiert.

IX. — Item, en toute potagerie et autre cuisine , chacun , selon sa qualité , pourra user de toutes bonnes herbes et autres choses appétissantes au corps de l'homme.

X. — Item, que chascun fils de maistre voulant se passer maistre dudict mestier, paira trente sols trois blancs et une livre de cire pour le droict de sa confrarie, avec le disner ausdicts maistres.

XI. — Item, que chascun maistre cuisinier et poullaillier pairont par chascun an quatre traizains pour satisfaire au luminaire de ladicte confrarie.

XII. — Item, pour ce que aucuns se sont entremis et entremet-

(1) Aure, rivière qui traverse la ville.

tent de user dudict mestier qui ne sont dudict mestier et ne sont maistres ny compaignons , ny faict apprentissage dudict mestier, de faire les disner et souper en nopces , gésines et banquets de confraries et autres, il est deffendu que nul ne s'entremette de plus en user s'il n'est suffisant et [n'a] faict apprentissage, et par le congé des gardes et jurez, et qu'il n'ait ou appellé avec soy personne qui ne soit habile et suffisant pour en user , et de toute bonne loyauté, sur peine de trente sols d'amende, ou l'arbitration de justice.

XIII. — Il est aussy deffendu ausdicts poullailliers d'achepter aucuns gibbiers ou autres marchandises , fors que dans le marché et lieu député à ce faire , et que dix heures ne soient sonnées , afin que les bourgeois de ceste dicte ville en puissent estre fournis ; mesmes deffendu de attascher auscuns coulombiers ou tentes , sur peine de dix escus d'amende, la tierce partie applicable aux dénonciateurs, l'autre à la confrarie et l'autre partie au Roy.

XIV. — Il est faict deffense à tous hostelliers et cabaretiers de vendre ny distribuer et porter en ville aucunes viandes, mais seulement à leurs hostes logés en leurs maisons, sur peine de l'amende. Ne pourront aussy lesdicts cabaretiers rostir aucunes viandes en leurs maisons pour auculnes personnes que se soyent, sur pareille amende, suyvant les sentences et règlements sur ce donnez.

XV. — Item , est chargé ausdicts gardes et jurez dudict mestier ou austres maistres d'icelluy, eux transporter par tous les bourgs, marchés, foires et assemblées de ceste viconté, pour par iceux revisiter et faire deue recherche sur ceux qui feront dudict mestier, et là où ils trouveront quelques viandes non dignes d'estre mises au corps humain, iceux gardes et jurez ou autres maistres dudict mestier seront tenus arrester lesdictes viandes non dignes ou maléficiées, et apporter en justice pour en ordonner qu'il appartiendra.

XVI. — Et s'il survenoit quelque procés ou descord audict mestier, iceux gardes et jurés seront tenus les conduire et mener en ceste ville de Bayeux et en feront bon et bref mémoire de ce qu'il coustera pour y satisfaire , ausquels les autres maistres et veufves dudict mestier seront tenus contribuer en leur part et cotte , et là où il y auroit procez sortissant de ladicte ville, ils feront et consulteront ensemble et esliront un d'iceux pour aller poursuivir iceluy procés ou affaires dudict mestier, aux despens communs des dessusdicts.

Il n'est entendu que lesdictes ordonnances ne soient à estre augmentées si faire se doibt au vouloir de justice et selon le cas.

Publiées et authorisées en la présence et du consentement des
officiers du Roy nostre sire et des bourgeois de la ville et fausbourgs de Baieux, aujourd'hui, dixiéme jour de mars, l'an mil
quatre cent soixante et douze, par nous, Jean Artur, escuier, lieutenant général du viconte de Baieux. Ainsi signez : Arthur
d'Esquetot et Couillard, chascun un paraphe.

***

Es plés de la ville et banlieue de Baieux tenus par nous, Jean
Artur, lieutenant général du viconte dudict lieu, le dixiéme jour de
mars mil quatre cents soixante et douze,

Se comparurent en jugement les maistres et ouvriers du mestier
de cuisinier et ouvriers d'iceluy en la ville et fausbourgs dudict
Baieux, lesquels, en la présence des gens et officiers du Roy,
nostre sire , en ladicte viconté , nous présentèrent certaine ordonnance qu'ils disoient soubs l'authorité de justice avoir faicte avoir
et pratiquée sur le faict et estat dudict mestier de cuisinier pour le
bien et utilité de la chose publique, et éviter aux inconvénientz et
danger qui de jour en jour se pourroient ensuivir par deffauts, et
sur ce mettre ordre et police, requérant icelles estre approuvées et
authorisées , et les faire garder et entretenir pour le temps advenir
jouxte et selon la forme et teneur d'icelle. Et apprés que les eusmes
veues et délibérées bien et au long avec lesdicts officiers, à ce présentez et appelez les bourgeois et habitantz de ladicte ville et fausbours en trés grand nombre, et que lecture desdictes ordonnances
a esté faicte en jugement, icelles, du consentement, conseil et advis
desdicts officiers et bourgeois, furent, pour le bien et utilité de la
chose publique, par nous authorisées , dictes et déclarées estre entretenues et gardées pour le temps advenir inviolablement selon la
forme et teneur d'icelles. Parmy lesquelles ces présentes sont annexées, et dès à présent, pour les entretenir et garder, furent com-

mis jurés et par nous authorisez, Jean Pépin, bourgeois de Bayeux et Léonard d'Arragon, dudict mestier de cuisinier, desquels nous receusmes le serment en tel cas accoustumé, sauf à muer et changer de personnes d'an en an ou autrement, à la discreption de justice toutefois que mestier sera, et que par lesdicts ouvriers sera regardé. Et leur fut commandé rapporter devers justice les fautes qu'ils y trouveront à la fin. Si donnons en mandement et commission à chacun des sergents de ladicte viconté ces présentes faire entretenir, garder et accomplir, sans enfraindre en aucune manière, et auxdicts jurez faire obéir et entendre en faisant et exerçant leur dicte commission, sans souffrir contre ce estre faict ny innové aucune chose et en aucune manière, et à ce faire, souffrir, contraindre réalement et de faict tous ceux qui pour ce seront à contraindre par toutes voyes et manières deues et raisonnables, desquelles choses lesdicts maistres et ouvriers d'icelluy mestier de cuisinier nous requirent ces présentes que leur octroyasmes pour valoir et servir au temps advenir ce qu'il appartiendra. Donné comme dessus. Ainsy signé : Artur d'Esquetot et Couillard, chascun un signe et paraphe.

A Monsieur le Bailly de Caen ou ses lieutenants à Baieux, et gens pour le Roy audict lieu,

Les maistres, gardes et jurez du mestier de cuisinier en ceste ville de Baieux, sans aucun en excepter desquels les noms ensuivent, assavoir : Robert Le Cordier et Hector Le Pelletier, gardes et jurez dudict mestier, pour eux et les autres cuisiniers de ceste ville, voyant que les ordonnances et statuts de leurdict mestier sont insérées et commises par escript dans le livre antien et commun de ladicte ville de Baieux, et qu'il leur est besoing icelles renouveller et confirmer par autre escript ou extraict dudict libvre, à raison que, alors qu'il leur est besoing avoir communication desdictes ordonnances pour soy gouverner suyvant icelles et les entretenir ainsy qu'il est accoustumé, ils n'en peuvent avoir aucune communication par les Maire et Eschevins de ladicte ville de Baieux ou gardes dudict libvre, à raison de quoy il leur est besoing et requis les faire rédiger et mettre par escript sur parchemin, afin d'y avoir par eux recours quand besoing sera, et leur valoir que de raison , à ces causes, il vous plaise leur pouvoir et ordonner sur ce que dessus, et vous ferez justice. Présentée ce quart jour de janvier mil six cent unze. Signez : le merc (1) dudict Le Cordier, Delaye, Gouet et Le Sueur. Soit communiquée au procureur du Roy pour, sa response vue, ordonner qu'il appartiendra. Faict les jour et an que dessus. Signé : Le Mercier, un paraphe.

Veu et délibéré la présente requeste , ensemble l'extraict ou coppie des Statuts et ordonnances dudict mestier de cuisinier, et icelles conférées, présence des gens du Roy, aux édicts et ordonnances du Roy sur le fait de la police ausquelles nous les avons trouvées conformes, et que lesdicts maistres du mestier dénommez en la fin de ce présent deuement jurez ont dict et affermé icelles estre justes et raisonnables pour le bien et utilité du public, et qu'il nous est apparu que dès le dixième de mars mil quatre cent soixante et douze elles avoient esté entérinées et approuvées en justice , nous avons, du consentement desdicts gens du Roy, et conformément à l'entérinement susdict, et soubs le bon plaisir du Roy et de nosseigneurs de la Cour de Parlement, que lesdicts statuts dudict mestier de cuisinier , selon qu'ils sont contenus et insérez audict extraict, seront ores et pour l'advenir gardez et observez, ensemble les règlements dudict mestier depuis ensuivis et donnez au bureau de la police de ceste dicte ville , le vingt quatrième de décembre mil six cents quatre , laquelle présente ordonnance sera mise et insérée au pied dudict extraict , lequel vaillira comme d'original et sera mis au thrésor de la confrarie dudict mestier pour s'en servir et y avoir recours quand besoing sera. Faict devant nous, Charles Le Mercier, escuier, sieur de Saint-Germain, lieutenant antian civil et criminel de Monsieur le bailli de Caen audict Baieux , le samedy vingt troisième jour de juillet , l'an mil six cents et unze. Signé : Le Mercier et Fumé, chacun un paraphe. Ensuivent les noms desdicts maistres dudict métier de cuisinier, asçavoir, ledict Robert Le Cordier, Michel Gouet, Hector Le Pelletier , Pierre

____

(1) Marque ou signe de ceux qui ne savent écrire.

Delaye, Gilles Le Sueur, Pierre Masure , Denis Chippel, Jacques du Val , Jean du Val fils Simon , et Marin Heurteval. Lesdicts statuts et ordonnances dudict mestier, ledict libvre de ladicte ville demeurées par devers lesdicts Le Cordier et Gouet, et ont signé à ladicte requeste. Signé : Le Meauffaye, un paraphe.

Collation faicte sur l'original estant en parchemin dont la coppie est cy devant escripte par nous, tabellions royaux en la sergenterie de Gray (1) soubzsignés, instance de Pierre Delaye, garde et juré du mestier de cuisinier pour luy valoir etc., apprés laquelle collation faicte, ledict original à luy rendu aujourd'hui, vingtième jour de may, l'an mil six cent dix-sept.

(Signé) Delaye et Marchand avec paraphes.

Le présent a esté donné par Pierre Masure , maistre dudict mestier, pour servir de matrologe. — 1611 —

Ensuivent les noms et surnoms des mestres du mestier de cuisinier en la ville et viconté de Bayeulx, commenchantz l'an de grâce mil six cents et traize.

Et premièrement

Michel Gouet,
Pierre Delaye,   } Gardes et jurés.

Jean Landa, décédé, 1616.
Robert Le Cordier, décédé.
Hector Le Pelletier, décédé.
Pierre Mazure.
Jacques du Val, quitte pour luy, décédé 1614.
Henry du Val son fils.
Gilles Le Sueur, quitte.
Denis Chippel, quitte.
Marin Heurtevent, décédé 1620.
Clément Fortin.
Simon Liboys, quitte, décédé.

(1) Graye, commune du canton de Ryes, arrondissement de Bayeux (Calvados).

Gabriel Le Pelletier, debet.

Bénédic Le Pelletier, debet.

Louis Basirot, quitte.

Richard Bunouf, quitte 1615 décédé.

Marc de Palme, quitte, 1616.

Clément Cousin, quitte, 1619.

Guillaume Le Cordier, quitte, décédé.

Gilles du Moutier, quitte 1620 décédé.

Bastien Jean, a rendu le pain bénist en l'an 1627, et baillé à
     René Landa.

Louys Le Gay, 1621.

André Regnault 1621, quitte de tout.

Gilles Liboys.

Jean Le Sueur, fils Gilles, 1640.

Guillaume Liboys.

Jacques Guerren, quitte de tout.

Charles Le Gez, quitte.

René Landa.

Jean du Val.

Charles du Val.

Nicollas Menard, filz Guillaume.

Nicollas Menard, fils Richard , doibt son ouverture de boutique.

Gabriel de Palme, 1646.

Charles Heuxebroc.

Guillaume Héroult, 1645.

André Le Rozier, 1635.

Sanson David, le 14 de décembre 1635.

Jean Gallet, quitte, le 19 mai 1651.

Jean Le Pernot, 1639, quicte.

Thomas James, quitte, 1642.

Jean Joret, fils Ollivier, quitte, 1644.

Jean de Magniy, a payé cent deux sols.

Jean Le Liboys, Michel Le Liboys et

Pierre Le Liboys, qui a donné un parement d'autel pour servir à
     la chapelle de la confrarie dudit mestier, pour satisfaction
     de leurs droits.

Richard du Val, fils Henry, en 1646.

Pierre Le Vée, fils Thomas, 1647.

Gilles Le Grain, 1652.

Fransois du Rosier, fils André, 1647.

François Ménard, fils Nicollas, 1644.

Nicollas Richard, quitte, 1650.

Richard Néel, quitte, 1657.

Denis Rater, quitte, 1659.

Guillaume ....., quitte de toutte chose l'an mil six cent cinquante et huit, 1664 (?).

Nicolas Ménard, fils Nicolas, 1664.

Jacques Maizerel, 1664.

Isaac Heuzebroc, fils Charles, a faict son pain bénie en l'année 1669.

Nicollas Hudebert, quitte, 1670.

Joachim Ménard, quitte, 1671.

Joachim Ménard, fils Joachim, 1677.

Anthoisne Douétil, quitte.

Jean Heussebroc, fils Isaac, pain beny en 1700.

Charles Le Véel, fils Michel, 1678.

Jean Le Véel, fils Michel, 1678.

Jacques Ménard, fils Joachim, 1678.

Pierre Le Véel, fils Guillaume, 1678.

Paoul Le Harivel, quitte des droits, et a faict le pain benye, 1687.

Germain Le Barbier, fils de Gilles Le Barbier, quitte de son payménie, mil six cents soisante et dix-huict, 1678.

Germain James, quitte de son payménie, le soisante et huit[e] (sic) jour de desembre, 1679.

Louis Bercher, m[e] en 1686, quitte du pain bénit.

Michel Oger, maistre en 1685, et quitte du pain bénit.

François Le François, m[e] en 1697, et quitte du pain bénit.

Isaac Vimond, en 1698 m[e], et quitte du pain bénit.

Philippe Jammet, resu maitte, année 1692, et quitte du pain bénie.

Jean Le Piquard, année 1699, quitte du pain bénie.

Pierre Nicolle, receu maistre, le vingt et unième jour de décembre mil sept cents cinq, a fait son pain bény en conséquence.

Pierre Hudbert, quitte du pain bénie.

Jean Heüzebroc, quitte du pain bénie.

Noël Destans, a rendu le pain bény.

Antoisne Liégard, a esté resu maistre le 21 juillet 1708, a rendu
le pain bény le 8 septembre 1710.

Robert Le Barbier a rendu le pain bény, 1712.

Pierre Le Vée a rendu le pain bény, 1713.

Michel Lepley a rendu le pain bény, 1714.

Godard a rendu le pain bény, 1715.

Lepeton a rendu le pain bény, 1716.

Louis de la Fontaine, a rendu le pain bény, 1717.

Michel Le Vée a rendu le pain bény, 1718.

Jacques Creveul a rendu le pain bény, 1719.

Jean Gouville a rendu le pain bény, 1705, sous la gérence de
garde Louis Bercher et François Le François.

Statuts contenant seize articles arrêtés par les maîtres de la
communauté du métier de cuisinier, rôtisseur, aubergiste de la
ville, faubourgs et banlieux de Bayeux, après plusieurs confé-
rences tenues entre eux, pour éviter aux abus et malversations qui
se pourraient commettre au préjudice du public, et pour servir de
règlement à l'avenir entre lesdits maîtres et leurs successeurs en
la maîtrise dudit métier, dont ils supplient monsieur le Lieutenant
général de police de ladite ville, d'ordonner l'enregistrement, sous
le consentement de Monsieur le Procureur du Roi audit siège, pour
être exécutés et gardés en tout leur contenu, après que lesdits
maîtres auront obtenu des lettres patentes de Sa Majesté, en
conformité d'iceux, lesquels articles suivent ci-après :

Article premier

Lesdits maîtres et leurs successeurs continueront à perpétuité,
comme ils ont fait par le passé, de temps immémorial, d'avoir leur
confrérie érigée en la chapelle des Saints Innocents, dans l'église
Cathédrale Notre-Dame de Bayeux, où sera fait et présenté le pain

bénit suivant l'ordre du tableau, par lesdits maîtres, ainsi qu'il s'est toujours pratiqué , à la messe célébrée par le chapelain de ladite chapelle ou autre prêtre, le jour de la Nativité de la très sainte Vierge, mère de Dieu , et sera tenu le maître qui présentera le pain bénit, de payer la somme de six livres, et celui qui le recevra, celle de trois livres, ainsi qu'il en a été usé par le passé pour subvenir à l'entretien du luminaire, et, lendemain , neuf septembre de chacune année , sera , par ledit chapelain, dit une messe des défunts pour le repos des âmes des confrères décédés, et à laquelle lesdits maîtres seront tenus d'assister s'il n'y a excuse légitime , à peine de cinq sols d'amende applicables aux bénéfices de ladite confrérie ; et continuera ladite communauté de faire illuminer ladite chapelle comme par le passé pendant les premières Vêpres de ladite fête, Matines , Laudes , la procession et la Grand'Messe qui sera chantée au chœur, et aux secondes Vêpres du même jour, et auxquelles premières Vêpres tous lesdits maîtres seront tenus d'assister, à peine de pareille amende contre chacun des défaillants, et aux exceptions ci-dessus , et sera payé audit chapelain, par chacun desdits maîtres, la somme de trois sols quatre deniers.

Deuxième article

Assisteront tous les maîtres aux convois et inhumations des maîtres et maîtresses dudit métier qui décéderont, dont ils seront avertis par le dernier reçu maître , à peine de cinq sols d'amende contre chacun des défaillants, et les corps seront portés par les quatre derniers reçus , à peine [de] quinze sols d'amende aussi contre chacun des défaillants sans excuse légitime , le tout au bénéfice de ladite confrérie.

Troisième article

Chaque maître pourra tenir un apprentif pendant deux ans et non plus, à peine de cinquante livres d'amende, dont moitié au Roi, et l'autre moitié au bénéfice de ladite compagnie.

Quatrième article

Chaque brevet d'apprentissage sera registré sur le livre de la communauté qui sera tenu par le prévôt receveur avec l'acte de jurande fait devant monsieur le Lieutenant général et [le] procureur du Roi, et ce , à la diligence du maître de l'apprentif, dans le mois de sa date, à peine de dix livres d'amende , et ne pourra ledit brevet être pour plus de deux ans, ni moins, et paiera chaque apprentif la somme de cent sols pour la cire de la confrérie.

Cinquième article

Les apprentifs ne pourront s'absenter du service des maîtres pendant le temps de leur apprentissage sans leur consentement, qu'au cas de maladie ou force majeure. Dans ce cas , ils rétabliront leur absence par autant de temps qu'ils en auront manqué, après leur apprentissage fini ; si, au contraire, ils s'absentent volontairement, les maîtres pourront s'en pourvoir d'autres un mois après, et faire effacer leur nom du livre de la communauté.

Sixième article

L'apprentif qui se sera retiré volontairement, sans congé, de son maître, ne pourra rentrer chez un autre qu'il ne recommence un autre et nouvel apprentissage, à peine de nullité.

Septième article

Nul ne pourra parvenir à la maîtrise qu'il n'ait fait , au désir des articles précédents, deux ans d'apprentissage chez un des maîtres dudit métier de ladite ville de Bayeux, dont il rapportera certificat comme il l'a bien et fidèlement servi et accompli son temps, et justifiera de son brevet d'apprentissage aux termes de l'article quatre des présents statuts.

Huitième article

L'apprentif sera tenu faire chef-d'œuvre en la présence des jurés dudit métier et de deux maîtres , un ancien et un nouveau, lequel chef-d'œuvre sera arbitré par lesdits jurés, et paiera pour tous frais de réception la somme de vingt livres allant au corps de la communauté, et l'acte de réception sera inscrit sur le livre de la communauté et signé de tous ceux qui y auront assisté, dont sera délivré un extrait à chaque nouveau reçu, signé du receveur et des jurés, ainsi que de [la] copie des présents statuts.

Neuvième article

Les fils de maître seront dispensés de faire chef-d'œuvre, et tenus à une simple expérience en payant seulement cent sols aux corps du métier, et celle de trente sols à [la] confrérie, pour la cire, et ne pourront ni les uns ni les autres être reçus maîtres qu'à l'âge de dix-huit ans accomplis, dont sera pareillement fait mention sur le même livre de la communauté dans les extraits qui en seront délivrés aux fins de la prestation de serment.

Dixième article

Les veuves desdits maîtres pourront exercer ledit métier tant et si longtemps qu'elles seront en viduité, et ne pourront prendre d'apprentif sinon dans le cas qu'il y en eût lors du décès de leurs maris, et, au cas qu'elles quittassent la profession , lesdits apprentifs pourront prendre un autre maître , et y achever le temps de leur apprentissage.

Onzième article

Le neuf septembre de chacune année , lendemain de la fête de la Nativité de la Sainte Vierge, il sera élu un juré à pluralité des voix pour gérer avec celui qui restera , et ainsi successivement, en sorte qu'il y ait toujours un ancien juré et un nouveau, et qu'un chacun desdits jurés le soit pendant deux années. Sera aussi élu le même jour, en la forme ci-dessus , un prévôt receveur, de deux années en deux ans , pour recevoir les deniers de la communauté et défendre aux intérêts d'icelle , après une convocation générale de tous les maîtres pour les affaires de conséquence , ou de douze au moins, lesquels régleront ce qu'il y aura à faire pour le bien de la communauté , aux risques des absents et des jurés , avec un ancien maître et un nouveau reçu pour les moindres ; et toutes les délibérations seront inscrites sur le livre de ladite communauté et signées de tous les délibérants. A l'effet de quoi, lesdits maîtres jurés et receveurs seront tenus prêter serment par devant Monsieur le Lieutenant-général de police, et d'y rendre compte de leur administration au cas de discussion en fin de gestion, en la présence de Monsieur le Procureur du Roy, et pour cet effet, toutes les sommes reçues provenant , tant des réceptions des maîtres et jurandes d'apprentifs que des amendes jugées, seront enregistrées sur le livre par ledit receveur, jour par jour, et de suite.

Douzième article

Les jurés seront tenus de faire au moins quatre visites par an chez tous les maîtres et maîtresses dudit métier, ou plus souvent s'il y échoit, et, dans le cas où il se trouverait des contraventions aux présents statuts, en dresser par eux-mêmes procès-verbal, pour ensuite en poursuivre l'amende contre les délinquants, [aux] termes d'iceux.

Treizième article

Nul ne pourra vendre ni débiter aucunes viandes, soit rôtie, bouillie, en ragoût ou en pâtisserie, soit de boucherie, volaille, gibier ou de venaison, ni aucune espèce de poisson, ni biscuits, ni macarons, s'il n'est reçu maître dans ladite communauté, à peine de confiscation des biscuits et macarons, des chairs et poisson saisis, et des ustensiles servant à les apprêter et servir sur la table, et de cinquante livres d'amende contre les contrevenants, applicables, moitié au profit de Sa Majesté, et l'autre moitié au profit de ladite communauté. Pourront néanmoins les confiseurs faire et vendre des biscuits, des macarons, concurremment avec les maîtres de ladite communauté.

Quatorzième article

Ne pourront lesdits maîtres débiter et vendre au public que des chairs cuites, bonnes et capables d'entrer dans le corps humain, ainsi que du poisson, à peine [de] dix livres d'amende pour la première fois, du triple pour et aux cas de récidive, et d'être privés pendant un an de la maîtrise outre les amendes pour la troisième fois, lesdites amendes applicables comme dessus.

Quinzième article

Nul autre que les dits maîtres ne pourront recevoir des chevaux de qui que ce soit pour les tenir à l'attache, et leur fournir ni foin ni avoine à la dînée ou couchée, à peine de cinquante livres d'amende pour chaque contravention, applicables comme dessus, à quoi les dits jurés seront tenus de veiller et poursuivre les contrevenants pour en faire juger l'amende.

Seizième article

Et d'autant qu'il y a plusieurs particuliers sans qualité qui arrêtent ou louent des coulombiers ou fuies à l'année des propriétaires ou fermiers des terres sur lesquelles ils sont situés, et par ce moyen empêchent que les fermiers ou propriétaires n'apportent leurs pigeons aux marchés de cette ville, les jurés de ladite communauté pourront faire saisir tous les pigeons qui se trouveront à la possession des dits regrattiers ou loueurs de coulombiers, lesquels, en ce cas, seront condamnés à payer la somme de cinquante livres applicables comme dessus, et celle [de] cent livres en cas de récidive, outre la confiscation desdits pigeons. Et comme il se trouve encore d'autres particuliers qui achètent dans les rues et sur les avenues du marché toutes sortes de volailles et gibiers morts et vifs pour les revendre au public en détail, lesdits jurés pourront faire saisir lesdites volailles et gibiers, et en poursuivront la confiscation contre les contrevenants qui seront condamnés à payer la somme de cinquante livres par chaque contravention, applicables comme dessus. Ne pourront les maîtres de ladite communauté appeler ni aller au devant de ceux qui apportent à vendre, ni se servir à cet effet de personnes interposées, à peine de dix livres d'amende ; mais seront tenus d'attendre les marchands dans le marché sans pouvoir y acheter qu'aux heures réglées et permises. Ne pourront aussi les regrattiers et revendeurs vendre pendant les jours de marché ailleurs qu'audit marché seulement, à peine de confiscation et d'es[tre] condamnés à payer la somme de dix livrés ; leur sera néanmoins permis pendant les autres jours de la semaine de vendre de la volaille et du gibier partout où bon [leur] semblera.

FIN DES SEIZE ARTICLES.

Les présents statuts faits et arrêtés à Bayeux en chambre du Conseil par l'avis de Paul Oger, Pierre Jehanne, gardes jurés, Thomas Jehanne, Pierre Hudebert, Jean Heuzebroc, Jean Le Picard, Pierre Nicolle, Michel Lepelley, Jean Gouville, Thomas Godard, Jacque Estienne, Jacque Ygouf, Jean Laurens, Philippe Gouville, Gabriel Duval, François Le François, Louis de la Fontaine et Vimons. Signés : Paul Oger, Jehanne, Heuzebroc, Nicolle, Hudebert, Jean Gouville, Pierre Jehanne , Estienne, Lorens, Gouville, Godard, Duval, Le François, Vimons , Jean Duval , La Fontaine et Ygouf, et deux mercs sous lesquels sont écrits : le merc dudit Michel Lepley, et l'autre, le merc de Jean Picard, et dessous est écrit :

Du mercredi vingt-huitième jour de février mil sept cent trente et un, à Bayeux, en la chambre du Conseil, l'audience séante devant nous, Marc-Antoine d'Hermerel, écuyer, sieur du Martel, seigneur et patron d'Aagy Saint-Léonard et de Saint-Germain de Noron, conseiller du Roi, lieutenant-général de Monsieur le bailli de Caen au siége royal de police audit Bayeux , lecture faite des présents articles , et ouï le procureur du Roi , nous avons ordonné qu'ils seront registrés en notre greffe pour estre exécutés provisoirement. Enjoint à la communauté de se retirer par devers Sa Majesté aux fins de l'homologation d'iceux dans trois mois , et acte au nommé Creveille de ce qu'il consent contribuer à sa cote-part aux fins d'être lesdits articles arrêtés au Conseil. Fait comme dessus , la minute signée du juge et Le Marois procureur du Roi , et a esté payé pour les droits rétablis, trente-quatre sols huit deniers. Signé : N. Champeaux, contrôlé et scellé par Besley.

Aujourd'huy, trentième jour de janvier mil sept cent trente-cinq, nous, maîtres cuisiniers , rôtisseurs , aubergistes de la ville , fauxbourgs et banlieux de Bayeux susdits et soussignés, en l'assemblée convoquée extraordinairement à cet effet, ayant pris communication des Statuts et règlements ci-dessus et des autres parts transcrits et rédigés en cette nouvelle forme , de l'avis de monseigneur l'Intendant et de nosseigneurs les commissaires du Bureau du commerce , nous soumettons, tant pour nous que pour nos successeurs, à l'exécution des dits statuts , suppliant très-humblement monseigneur le Garde des sceaux de nous accorder les lettres patentes sur ce nécessaires. Fait à Bayeux que dessus.

LOUIS, par la grâce de Dieu Roy de France et de Navarre, à tous présens et à venir, salut. Nos bien aimés les maistres de la communauté des Cuisiniers, Rôtisseurs et Aübergistes de [la] ville, fauxbourgs et banlieux de Bayeux , nous ont fait représenter que,

pour établir entr'eux le bon ordre et la police nécessaires et pré-
venir les abus qui pourroient se commettre , ils ont dressé des statuts et réglements contenus en seize articles qui ont été approuvés
[par] le lieutenant général de police de Bayeux, et dont l'exécution,
en procurant à ladite communauté l'avantage et le bien particulier
qu'elle y recherche, fera d'ailleurs trouver au public l'utilité qu'on
doit en attendre, mais que, pour assurer l'exécution desdits statuts,
les exposants avoient besoin de nos lettres de confirmation qu'ils
nous ont très humblement fait supplier de leur accorder. A ces
causes, voulant favorablement traiter les exposants et les mettre en
état de retirer desdits statuts et règlements l'avantage et l'utilité
qu'ils en attendent, Nous avons , de notre grâce spéciale, pleine
puissance et autorité royale , permis et accordé , permettons et
accordons par ces présentes signées de nostre main , aux exposants d'établir et de former un corps entre eux et [la] communauté
et jurande des maîtres cuisiniers, rôtisseurs et aubergistes de la ville,
fauxbourgs et banlieux de Bayeux, de nommer et élire en la forme
prescrite par lesdits statuts et règlements , des jurés de la probité
et capacité requises pour le service et la conservation des droits de
ladite communauté , lesquels , après le serment par eux prêté en la
matière accoutumée , feront les visites et autres fonctions nécessaires, et tiendront la main à l'exécution des dits statuts et réglements contenus en seize articles , et ci attachés sous le contre scel
de notre chancellerie, lesquels statuts et règlements nous avons,
des mêmes grâce , pouvoir et autorité que dessus , approuvés,
confirmés et autorisés , approuvons , confirmons et autorisons par
cesdites présentes, voulons et nous plaît [qu'ils soient] gardés , ob-
servés et exécutés selon leur forme et teneur par lesdits exposants,
leurs successeurs et tous autres , sans qu'il y soit en aucune façon
contrevenu, pourvu toutefois qu'en iceux il n'y ait rien de contraire
à nos ordonnances et de préjudiciable à nos droits et à ceux d'au-
trui. Si donnons en mandement à nos amis et féaux Conseillers les
gens tenant cour de Parlement à Rouen , au bailli de Bayeux ou
son lieutenant général de police , et à tous autres nos officiers et
justiciers qu'il appartiendra, que ces présentes ils aient à faire
registrer, et du contenu en icelles jouir et user lesdits exposants

et leurs successeurs pleinement , paisiblement et perpétuellement, cessant et faisant cesser tous troubles et empêchements contraires, car tel est notre plaisir. Et afin que ce soit chose ferme et stable à toujours, nous avons fait mettre notre scel à ces dites présentes. Donné à Versailles , au mois d'avril , l'an de grâce mil sept cent trente-cinq, et de notre règne le vingtième.

Signé : Louis.

Registré lesdites lettres patentes portant confirmation des statuts, et ont été registrées és registres de la Cour pour être exécutées selon leur forme et teneur, et jouir par les impétrants de l'effet d'icelles suivant et aux restrictions portées en l'arrêt de la Cour. Donné, la grand'Chambre assemblée, le vingt-huitième juin mil sept cent trente-cinq. Signé : Auzannet.

Extrait des Registres de la cour de Parlement de Rouen

Vu par la Cour, la Grand'Chambre assemblée, les lettres patentes de Sa Majesté accordées à Versailles au mois d'avril dernier, aux maîtres de la communauté des cuisiniers, rôtisseurs et aubergistes de la ville et fauxbourgs et banlieux de Bayeux, portant confirmation des statuts et règlements des droits de leur Communauté, requête présentée à la Cour par lesdicts maîtres cuisiniers, rôtisseurs, aubergistes de Bayeux, tendant à ce qu'il lui plaise ordonner que lesdites lettres portant confirmation de leurs statuts seront registrées és registres de la Cour pour être exécutées selon leur forme et teneur, et jouir par eux de l'effet et contenu en icelle ordonnance de la Cour étant au bas de ladite requête et datée du vingt-cinq de ce mois, portant : soit communiqué au procureur général lesdites lettres de confirmation et statuts ci-dessus datées, ensemble lesdits statuts attachés sous le contre scel d'icelles, au nombre de seize articles signés et arrêtés par ladite communauté, les conclusions du procureur général du même jour, et ouï le rapport du sieur Le Paysant de Bois Guillebert, commissaire, tout considéré, la Cour, la Grand'Chambre assemblée, a ordonné et ordonne que lesdites [lettres] patentes portant confirmation des statuts seront registrées ès registres de la Cour pour être exécutées selon leur forme et teneur, et jouir par lesdits impétrants de l'effet d'icelles ; cependant, en interprétant l'article quinze des dits statuts, il sera permis à toutes personnes de recevoir des chevaux et de les tenir à l'attache pourvu qu'elles ne leur fournissent ni foin ni avoine. A Rouen, en Parlement, le vingt-huit juin mil sept cent trente-cinq. — Signé : Auzannet. Collationné : Heuzé.

Le présent arrêt de la Cour a été par moi, greffier soussigné, registré sur le registre du greffe de police de Bayeux en exécution de l'ordonnance de Monsieur le Lieutenant général de police, du consentement de Monsieur le Procureur du Roy en date de ce jour, ainsi que les statuts mentionnés au présent arrêt et lettres patentes accordées par Sa Majesté aux maîtres cuisiniers, rôtisseurs, aubergistes de Bayeux sur iceux datés dans ledit arrêt le vingt juillet mil sept cent trente-cinq, et les originaux rendus à Pierre Gehanne et François le François, maîtres cuisiniers, lesquels ont signé sur ledit registre, ce vingt juillet mil sept cent trente-cinq. Signé : N. Champeaux.

Ensuivent les noms des maistres cuisiniers, aubergistes de Bayeux, en tant que de ceux qui restent en l'année 1711.

Premièrement

Cette liste est restée en blanc.

Ensuivent les noms des maistres qui ont faict le pain bénist, commençant l'an de grâce mil six cents cinq.

Et premièrement :

Pierre Mazurre — 1605, et rendu 1606.
Baziret.
Gilles Le Sueur.
Denis Chippel.
Jacques du Val.
Guillaume Menard.
Jean Landa.

Michel Gouet.

Guillaume Le Cordier.

Pierre Delaye.

Simon Le Libois.

Richard Bunouf.

Clément Cousin, 1619.

Marc de Palmes.

Henry du Val.

Louis Le Gay.

André Regnauld.

Pierre Herouf.

Jacques Guerren.

Michel Gouet.

François Ménard, fils Nicollas.

Nicolas Richard.

Guillaume Le Vée.

Item, les nons et surnons de ceulx qui ont payé les droitz dudit mestier.

Pierre Masure, 1 livre de cire et VI livres.

Jacques du Val, pour luy et son filz, 2 livres de cire et LXII solz 6 deniers.

Robert du Jardin, poullailler, 1 livre de cire.

Simon Liboys, 1 livre de cire, cent solz.

Loys Le Gay, servitteur dudit Liboys, 2 livres de cire.

Clément Cousin, cent solz et une livre de cire.

François Richard, fils Nicollas.

Gilles Le Sueur.

Gille Le Grain, en LXI.

Denis Chippel.

Nicollas Richard, en soixante, 1660.

Richard Vée, en soixante et deux, 1662.

Jean Gallet, 1661.

Denis Rater en soixante et trois, 1663.

Guillaume Le Vée a rendu le peinménie en l'année 1664, et a payé tous les droits.

Isaac Heuzebroc, quitte du pain bénie en l'année mil six cents
soixante et neuf, 1669.
Nicollas Hudebert, quitte du pain bénie, 1670.
Jeachim Menard, quitte du pain bénie, 1671.
Anthoisne Douètil, quitte du pain bénye,
Robert Le Barbier et cest enfants, 1672, quitte du payménie.

Enfin, sur le dernier feuillet de garde, on lit :

François Mauger, garde en 1668.
Isaac Heuzebrocq, garde en 1667.

Richard du Val a faict le bain bénye en 1684, et l'a donné à Jean
Le Peton.
Paoul Le Harivel a faict le pain béni en 1687, et l'a donné à
Michel Oger.

Lesdits du Val et Le Harivel ont esté gardes en l'année 1687,
le neuf septembre.